MW01124886

Para:

. . . .

De:

. . . .

Fecha:

. . . .

Mi pequeña Biblia

Historias relatadas por
Mary Hollingsworth

Ilustraciones por Diane Le Feyer

GRUPO NELSON
Una división de Thomas Nelson Publishers
Desde 1798

© 2016 por Grupo Nelson®
Publicado en Nashville, Tennessee, Estados Unidos de América.
Grupo Nelson, Inc. es una subsidiaria que pertenece completamente a
Thomas Nelson, Inc.
Grupo Nelson es una marca registrada de Thomas Nelson, Inc.
www.gruponelson.com

Título en inglés: *My Little Bible*
© 1991, 2016 por Thomas Nelson
Publicado por Nelson Books, un sello de Thomas Nelson. Nelson Books
y Thomas Nelson son marcas registradas de HarperCollins Christian
Publishing, Inc.

Editora en Jefe: *Graciela Lelli*
Traducción: *Piedra Angular Comunicaciones, S.A. de C.V.*
Adaptación del diseño al español: *Mauricio Diaz*

ISBN-13: 978-0-71808-513-1

Impreso en China
23 DSC 7

Contenido

· · · · · · · · ·

Historias del Nuevo Testamento

El Señor te bendiga y te guarde; el Señor te mire con agrado y te extienda su amor; el Señor te muestre su favor y te conceda la paz.

Números 6.24–26

Historias del
Antiguo Testamento

Dios hizo el mundo

Dios hizo el mundo. Y todo lo que hay en él. Hizo el sol y la luna. Hizo los mares y la tierra seca. Hizo las plantas. Hizo los peces, las aves y los demás animales. E hizo al hombre y a la mujer.

Dios estaba feliz con lo que había hecho.

Génesis 1.1–28

Señala algo que
Dios creó.

Adán y Eva

El hombre y la mujer que Dios
hizo se llamaban Adán y Eva.
Vivían en un hermoso jardín
llamado Edén. Cuidaban el jardín
para Dios. El jardín estaba lleno
de árboles frutales y plantas
maravillosas. Dios dejó que Adán
le pusiera nombre a los animales.

Adán y Eva eran muy felices
en el Edén.

Génesis 1.26–2.25

¿Puedes encontrar al
león en el dibujo?

El gran barco de Noé

La gente de la tierra se hizo mala.
Noé era el único hombre bueno.
Dios decidió inundar la tierra con
agua, así que le dijo a Noé que
construyera un gran barco para
salvar a su familia. Dios mandó
a una pareja de cada uno de
los animales para que Noé los
metiera al barco.

Llovió durante cuarenta días y
cuarenta noches. El agua cubrió
todo. Pero todos en el barco
estaban a salvo.

Génesis 6.9–8.22

¿Dónde está Noé
en el dibujo?

La túnica especial de José

· · · · · · ·

Jacob tenía doce hijos y José era su favorito. Jacob le dio a José una túnica especial. Y los hermanos de José se enojaron. Vendieron a José a unos hombres que iban a Egipto.

José se convirtió en esclavo de uno de los trabajadores del rey. Y allí era donde Dios quería que estuviera.

Génesis 37, 39.1–6

¿Qué colores hay en la túnica de José?

El bebé Moisés

Cuando Moisés era un bebé, su madre lo escondió de los soldados del rey de Egipto. Hizo una cesta para él. Escondió a Moisés en la cesta y la puso en el río Nilo.

La hija del rey encontró a Moisés y lo adoptó. Moisés creció en la misma casa del rey, tal y como Dios lo había planeado.

Éxodo 1.22–2.10

¿Quién encontró al bebé Moisés en el río?

Una zarza ardiente

Cuando Moisés era más grande vio una zarza ardiente. Pero la zarza no se consumía. Moisés fue hacia la zarza y la voz de Dios habló desde la zarza. «Moisés no te acerques… Quítate las sandalias, porque estás pisando tierra santa».

Entonces Dios le pidió a Moisés que rescatara a su pueblo de Egipto.

Éxodo 3.1–20

¿Por qué está
descalzo Moisés?

Huyendo de Egipto

Moisés y su hermano Aarón fueron a ver al rey de Egipto. Le dijeron: «Dios quiere que dejes ir a su pueblo». El rey dijo: «No». Así que Dios hizo que pasaran cosas terribles en Egipto.

Finalmente, el rey dejó ir al pueblo de Dios. Y Moisés los guio fuera de Egipto para que ya no fueran esclavos.

Éxodo 7.10–12.33, 14.30–31

¿Puedes señalar al rey de Egipto?

Las diez leyes de Dios

Después de que el pueblo de Dios dejó Egipto, Dios les dio diez leyes. Él quería que las obedecieran. Escribió las leyes en grandes piedras y se las dio a Moisés.

Esas leyes ayudaron al pueblo de Dios a ser puro y santo. Las leyes se llaman los Diez Mandamientos.

Éxodo 20.1–17, 24.12–14, 32.15–16

¿Qué está sosteniendo Moisés?

Caen las murallas de Jericó

· · · · · · · · ·

Dios quería que los israelitas capturaran la ciudad de Jericó. Jericó estaba rodeada de grandes murallas, así que Dios hizo caminar al pueblo alrededor de la ciudad una vez cada día durante seis días. El séptimo día, les hizo dar siete vueltas. Luego les dijo que tocaran sus trompetas y gritaran. Y las murallas de Jericó cayeron.

Los israelitas capturaron la ciudad porque obedecieron a Dios.

Josué 6.1–17, 20

¿Cuándo cayeron las murallas?

Sansón y Dalila

Sansón era el hombre más fuerte que ha vivido. Lo que lo hacía fuerte era un secreto. Sansón amaba a Dalila. Ella lo engañó, y él le dijo que el secreto de su fuerza era su largo cabello.

Dalila cortó el cabello de Sansón mientras él dormía. Así, Sansón se debilitó y sus enemigos lo capturaron.

Jueces 16.4–21

¿Sabes algún secreto?
¿Lo debes contar?

Rut y Noemí

· · · · · · · · · · ·

Rut se casó con el hijo de Noemí.
Pero el hijo de Noemí murió.
Entonces Rut y Noemí se fueron
a un país llamado Judá. Booz, el
primo de Noemí, vivía allí. Tenía un
gran sembradío. Booz dejaba que
Rut recogiera trigo de su campo
para dar de comer a Noemí.

Pronto, Booz se casó con Rut.
Y tuvieron un hijo llamado Obed.
Noemí cuidaba a Obed.

Rut 1–4

¿Conoces a
algún bebé?

David y el gigante
. . . .

David era un pastor de ovejas
israelita. Goliat era un soldado
filisteo muy grande. ¡Medía nueve
pies (tres metros) de alto! Sus
países eran enemigos.

Un día David y Goliat tuvieron
una pelea. Goliat vestía una
armadura y tenía una gran lanza.
David solamente tenía una honda
y cinco piedras. Pero Dios ayudó a
David a ganar la batalla ese día.

1 Samuel 17.4–50

Señala la honda
de David.

El rey David

. . . .

Dios escogió a David para ser rey.
Todo el pueblo de Dios se reunió
en Hebrón. Hicieron un acuerdo
con David. Y la gente derramó
aceite sobre la cabeza de David
para hacerlo su rey.

David fue un gran rey.
Gobernó al pueblo de Dios por
cuarenta años.

2 Samuel 5.1–12

¿Por qué derramaron
aceite sobre la
cabeza de David?

Salomón es sabio

. . . .

Cuando David murió, su hijo
Salomón se convirtió en el rey.
Dios dijo: «Salomón, pide lo que
quieras. Yo te lo daré». Salomón
le pidió a Dios sabiduría para
gobernar al pueblo de Dios. Dios
estaba muy contento porque
Salomón había pedido sabiduría y
no dinero. Así que hizo a Salomón
el hombre más sabio y más rico
que ha vivido.

1 Reyes 3.4–15

¿Quién es el hombre
más sabio que
ha existido?

La valiente reina Ester

Amán odiaba a los judíos, al pueblo de Dios. Engañó al rey Asuero para que hiciera una ley para matar a los judíos. Ester era la reina y el rey Asuero la amaba. Pero Ester era judía. Ella valientemente le dijo al rey del engaño de Amán. El rey se enojó y mandó matar a Amán. La valiente reina Ester había salvado al pueblo de Dios.

Ester 2–8

Señala la corona de Ester.

Mi pastor
· · · · · · · · ·

El Señor es como un pastor
bondadoso. Y nosotros somos
como sus ovejas. Nos da todo lo
que necesitamos. Nos da un buen
lugar para dormir, agua fresca
para beber y buena comida para
comer. Nos protege de nuestros
enemigos. No debemos tener
miedo, porque él está siempre
con nosotros. Y podemos vivir para
siempre con él.

Salmos 23

¿Quién nos ayudará
cuando tenemos miedo?

Consejo a los niños

Nunca olvides lo que Dios te enseña. Haz lo que te pide. Si lo haces, tendrás una larga vida y serás feliz. Sé siempre bondadoso y honesto. De esa manera Dios estará contento contigo.

Proverbios 3.1–4

¿Está Dios contento cuando le obedeces?

Sadrac, Mesac y Abednego

. . . .

Sadrac, Mesac y Abednego amaban a Dios. El rey de Babilonia hizo un ídolo para que el pueblo lo adorara. Pero estos hombres no adoraron al ídolo. Así que el rey los puso en el horno de fuego. Dios envió a su ángel para salvarlos del fuego. El rey estaba sorprendido y comenzó a adorar a Dios también.

Daniel 3.1–29

¿Quién salvó a los hombres del fuego?

Daniel y los leones
. . . .

El rey Darío hizo una ley para que
la gente no orara a Dios. Pero
Daniel siguió orando a Dios tres
veces al día. Porque Daniel no
obedeció, el rey lo arrojó a un
pozo de leones. Dios amaba a
Daniel y no permitió que los leones
lo lastimaran. El rey se sorprendió
de hallar vivo a Daniel. Entonces el
rey Darío también creyó en Dios.

Daniel 6.1–23

¿Cuántos leones
hay en el dibujo?

Jonás y el gran pez

Dios le dijo a Jonás que fuera a Nínive. Pero Jonás huyó en un barco. Así que Dios envió una gran tormenta. Los hombres del barco se dieron cuenta de que la tormenta era culpa de Jonás. Jonás no había obedecido a Dios. Así que arrojaron a Jonás al mar. Entonces Dios envió un gran pez para que se tragara a Jonás. Después de tres días, el pez escupió a Jonás sobre tierra seca. Entonces Jonás se fue a Nínive.

Jonás 1–3

¿Cuánto tiempo estuvo Jonás dentro del pez?

Estoy convencido de esto: el que comenzó tan buena obra en ustedes la irá perfeccionando hasta el día de Cristo Jesús.

Filipenses 1.6

Historias del Nuevo Testamento

Nace Juan

· · · · · · · · · ·

El ángel de Dios le dijo a Zacarías
que su esposa Elizabet iba a
tener un bebé. El ángel le dijo
a Zacarías que lo llamara Juan
al bebé. Zacarías no le creyó al
ángel. Así que Dios no lo dejó
hablar hasta que el bebé nació.
Cuando el bebé llegó, la gente le
preguntaba a Zacarías cómo se
llamaría. Él escribió: «Su nombre
es Juan». Entonces Zacarías pudo
hablar otra vez.

Lucas 1.5–20, 57–66

¿Cuál fue el nombre
del bebé?

Nace Jesús

· · · · · · · · · ·

Un ángel de Dios le dijo a María
que tendría un bebé varón. El
bebé sería el único Hijo de Dios.
El ángel le dijo a María que lo
llamara Jesús al bebé. Le dijo que
el bebé nacería para salvar a la
gente de sus pecados. Después,
el bebé nació en un establo de
Belén. Por cuna tenía un pesebre
donde comían los animales.

Lucas 1.26–33, 2.1–7

¿Dónde nació Jesús?

Los pastores

La noche que Jesús nació,
algunos pastores estaban en
el campo con sus ovejas. De
repente, vieron un ángel y se
asustaron. El ángel les dijo que
no se asustaran. Les traía buenas
noticias. Les dijo que Jesús el
Salvador había nacido. Los
pastores se alegraron. Y fueron a
adorar a Jesús.

Lucas 2.8–20

¿Cuáles fueron las
buenas noticias
del ángel?

Los sabios
· · · · · · · · ·

Unos sabios del Oriente vieron
una estrella radiante nueva.
Supieron que la estrella era por
causa del Hijo de Dios y querían ir
a adorarlo. Así que siguieron a la
estrella hasta que encontraron al
niño Jesús. Le dieron al bebé unos
regalos muy especiales.

Mateo 2.1–12

Señala la estrella.

El niño Jesús

Jesús fue a Jerusalén con sus padres. Tenía doce años. Cuando sus papás emprendieron el viaje de regreso a su casa, no podían encontrar a Jesús. Así que regresaron a Jerusalén para buscarlo. Lo estuvieron buscando durante tres días. Finalmente lo encontraron en el templo hablando con los maestros acerca de Dios.

Lucas 2.41–52

¿En dónde encontraron a Jesús sus papás?

Jesús alimenta a 5.000 personas

Más de cinco mil personas siguieron a Jesús fuera de la ciudad. Jesús les enseñaba y sanaba a los enfermos. Por la tarde, las personas tenían hambre. Jesús les dijo a sus discípulos que alimentaran a la gente. Los discípulos solo tenían cinco panes pequeños y dos peces. Así que Jesús tomó la comida, le dio gracias a Dios por ella, y alimentó a las cinco mil personas.

Mateo 14.13–21

¿Con qué alimentó Jesús a la multitud?

Jesús calma una tormenta

· · · · · · · · ·

Jesús y sus seguidores estaban en un barco durante una tormenta muy violenta. Jesús estaba dormido y sus seguidores tenían mucho miedo. Pensaron que a Jesús no le importaba que se ahogaran. Así que lo despertaron.

Jesús le dijo a la tormenta que se calmara. El viento se detuvo y el lago se calmó. ¡Y los seguidores se admiraron de su poder!

Marcos 4.35–41

¿Te has asustado alguna vez durante una tormenta?

Jesús y los niños
· · · · · · · · · · · · ·

La gente trajo a sus niños a ver
a Jesús. Los discípulos de Jesús
trataron de alejar a los niños. Pero
Jesús les dijo que dejaran a los
niños acercarse a él. Les dijo a sus
seguidores que amaran a Dios
como los niños lo hacen.

Entonces Jesús tomó a los
niños en sus brazos y los bendijo.

Marcos 10.13–16

> ¿Crees que Jesús
> ama a los niños?

Jesús y el hombre ciego

Bartimeo era ciego. Estaba sentado junto al camino. Entonces escuchó que Jesús se acercaba. Clamó a Jesús para que le ayudara. Jesús dijo: «Bartimeo, ¿Qué quieres que haga por ti?». Bartimeo le dijo que quería ver otra vez. Jesús sanó a Bartimeo y él recuperó la vista. Entonces Bartimeo siguió a Jesús.

Marcos 10.46–52

¿Cómo ayudó
Jesús al ciego?

El hijo derrochador

Un día, el más joven de dos
hermanos tomó la parte que le
correspondía del dinero de su
padre. Se fue a un país lejano. Allí
gastó todo el dinero. Era pobre.
No tenía comida. Consiguió
un trabajo cuidando cerdos. Y
decidió regresar a su casa. Se
sentía mal por haber actuado así.

Su padre se alegró de que su
hijo regresara a casa, y le hizo una
fiesta.

Lucas 15.11–32

No está bien
escaparse de casa.

Zaqueo encuentra a Jesús

· · · · · · ·

Zaqueo robaba a la gente haciéndole pagar muchos impuestos. Un día Jesús llegó al pueblo. Zaqueo era tan bajito que no podía ver por encima de la gente. Así que subió a un árbol para ver a Jesús. Jesús lo vio y le dijo que bajara. Entonces Jesús se fue a la casa de Zaqueo a cenar. Y Zaqueo nunca jamás volvió a robarle a la gente.

Lucas 19.1–10

¿Cómo pudo Zaqueo ver a Jesús?

¡Lázaro, sal fuera!
· · · · · · · · · · · · · · ·

Lázaro, el amigo de Jesús, murió.
Así que Jesús fue a ver dónde
estaba sepultado Lázaro. Y Jesús
lloró. ¡Entonces Jesús hizo algo
maravilloso! Llamó a Lázaro para
que saliera de la tumba. Dijo:
«¡Lázaro, sal de ahí!».

Y Lázaro salió caminando de la
tumba. ¡Estaba vivo otra vez! Jesús
lo había levantado de la muerte.

Juan 11.1–44

¿Se puso triste Jesús
cuando murió su amigo?

La última cena
de Jesús
· · · · · · · ·

La última cena que Jesús
compartió con sus seguidores se
llamó Pascua. Tomó un trozo de
pan. Dijo que el pan era como
su cuerpo. Entonces tomó una
copa de vino. Dijo que el vino era
como su sangre. Les pidió que lo
recordaran con vino y pan hasta
que él regresara.

Lucas 22.14–20

¿Quiere Jesús que
lo recordemos?

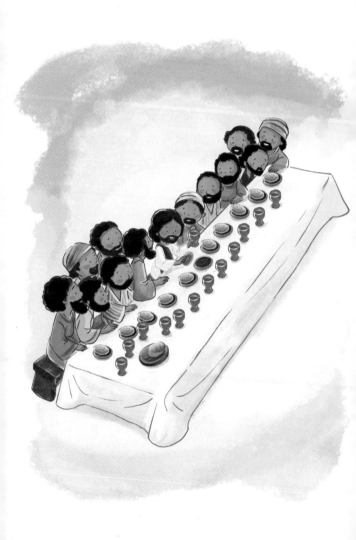

Buenas noticias

Los enemigos de Jesús, el Hijo
de Dios, lo mataron en una cruz.
Aquel día, todo estaba oscuro,
fue un día triste. Los amigos de
Jesús lo bajaron de la cruz. Lo
cubrieron con ropas especiales y lo
sepultaron. ¡Pero tres días después
Jesús regresó a la vida! Jesús es
más poderoso que la muerte. Por
eso puede salvarnos de nuestros
pecados. ¡Y esas son las buenas
noticias!

Juan 19.16–20.18

¿Cuáles son las
buenas noticias?

Jesús regresa al cielo

La obra de Jesús en la tierra estaba hecha. Le dijo a sus seguidores que contaran al mundo entero las buenas noticias acerca de él. Entonces Jesús desapareció en una nube. Regresó al cielo.

Sus seguidores estaban mirando al cielo cuando dos hombres aparecieron. Les dijeron que Jesús regresaría a la tierra un día.

Hechos 1.6–11

¿Dónde está
Jesús ahora?

Los seguidores de Jesús comparten

• • • • • • • • • • • • • •

Los seguidores de Jesús
compartían todo lo que
tenían. Cada persona tenía
lo que necesitaba para vivir.
Los seguidores daban dinero,
comida y ropa a aquellos que
la necesitaban. Y Dios bendecía
mucho a todos los seguidores.

Hechos 4.32–35

¿Qué cosa puedes
compartir?

Saulo se encuentra
con Jesús
· · · · · · · · ·

Saulo iba a Damasco para
perseguir a los seguidores de
Jesús. En el camino, una luz
brillante cegó a Saulo. Entonces
Jesús le dijo: «Saulo, yo soy Jesús.
Ve a la ciudad. Alguien te dirá
lo que debes hacer». Tres días
después, Ananías visitó a Saulo y
recuperó su vista. Ananías enseñó
a Saulo a seguir a Jesús.

Hechos 9.1–19

¿Qué le dijo Jesús
a Saulo?

Pedro y el ángel

Pedro estaba en la cárcel durmiendo entre dos soldados. Lo tenían encadenado. Los soldados vigilaban también la puerta de la cárcel. De repente, un ángel llegó. Las cadenas de Pedro cayeron. Y el ángel sacó a Pedro de la cárcel. Dios salvó a Pedro de sus enemigos.

Hechos 12.6–11

¿Quién ayudó a Pedro a escapar de la cárcel?

Ama a los demás

Lo más grande es el amor. Las personas que aman a otras son amables y pacientes. No son rudas o groseras. No presumen de ellas mismas. Las personas que aman no tienen celos. No se enojan fácilmente. Y siempre están disponibles cuando otras las necesitan. Son buenas con las demás.

1 Corintios 13

¿Cómo muestras amor?

Obedece a tus padres

Niños, deben obedecer a sus padres como Dios les pide. Esto es lo que debemos hacer. El mandamiento de Dios dice: «Honra a tu padre y a tu madre». Si lo hacen, Dios les promete una larga vida llena de felicidad.

Efesios 6.1–3

¿Por qué debes obedecer a tus padres?

Ayuda a otros

· · · · · · · · · · · ·

Dios quiere que ayudemos a otras
personas. Debemos amarnos unos
a otros. Debemos recibir gente
en nuestras casas. Y debemos
visitar a los que están en la cárcel.
Debemos mostrarles que nos
preocupamos por ellos.

Hebreos 13.1–3

¿Cómo puedes
ayudar a otros?

¡Jesús regresará!

Algún día, Jesús regresará del cielo. Él dijo: «¡Vengo pronto!». Cuando él venga, traerá recompensas. Dará regalos a los que hacen el bien.

Aquellos que creen en Jesús irán al cielo con él.

Apocalipsis 22.12–14, 20–21

¿Estarás contento
de ver a Jesús?